Dieses Buch gehört:

EMMA~S   üller

Rainer Wolke

Tinas großes Turnier

Mit Hufeisen-Quiz

Bibi & Tina

Erstleser

Lesen lernen

2. Klasse

Klett Lerntraining

Bibliografische Information der Deutschen Nationalbibliothek
Die Deutsche Nationalbibliothek verzeichnet diese Publikation in der
Deutschen Nationalbibliografie; detaillierte bibliografische Daten sind
im Internet über http://dnb.dnb.de abrufbar.

Dieses Werk folgt der neuesten Rechtschreibung und Zeichensetzung.
„Hexspruch" ist ein Begriff aus der Welt von Bibi Blocksberg.

3. Auflage 2017

© 2015 KIDDINX Studios GmbH, Berlin
Redaktion: Susanne Stephan
Lizenz durch KIDDINX Media GmbH
Lahnstraße 21, 12055 Berlin

© PONS GmbH, Stöckachstraße 11, 70190 Stuttgart 2015. Alle Rechte vorbehalten.
www.klett-lerntraining.de, www.lesedrachen-club.de
Der Online-Zugang zum Lese-Führerschein ist bis drei Jahre
nach Ersterscheinen des Buches gewährleistet.
Teamleiterin Grundschule und Kinderbuch: Susanne Schulz
Umschlaggestaltung und Layout: Sabine Kaufmann, Stuttgart
Autor: Rainer Wolke
Illustrationen: Madlen Frey und Till Bayreuther, Greven
Satz: tebitron gmbh, Gerlingen
Druck: Aumüller Druck GmbH & Co. KG, Regensburg
Bindung: Conzella Verlagsbuchbinderei Urban Meister GmbH & Co KG, Pfarrkirchen
Printed in Germany
ISBN 978-3-12-949257-4

Inhalt

Kleiner Streit,
große Folgen

Morgen findet ein Turnier statt.
Tina hat es bis ins Finale geschafft.
Nun möchte sie den großen Preis
von Falkenstein gewinnen.
Bibi begleitet sie zum Training.
Doch Tina hat heute kein gutes Gefühl.
„Amadeus ist schon den ganzen Tag
so unruhig", klagt sie.
Bibi antwortet: „Das klappt schon.
Bisher lief es doch prima!"

Bibi stellt sich mit Sabrina
neben dem Turnierplatz auf.
Tina winkt ihr noch einmal zu
und beginnt dann ihr Training.
Sie jagt in vollem Galopp
auf ein Hindernis zu.
„Bravo, bravo!",
feuert Bibi ihre Freundin an.
„Du schaffst das!"

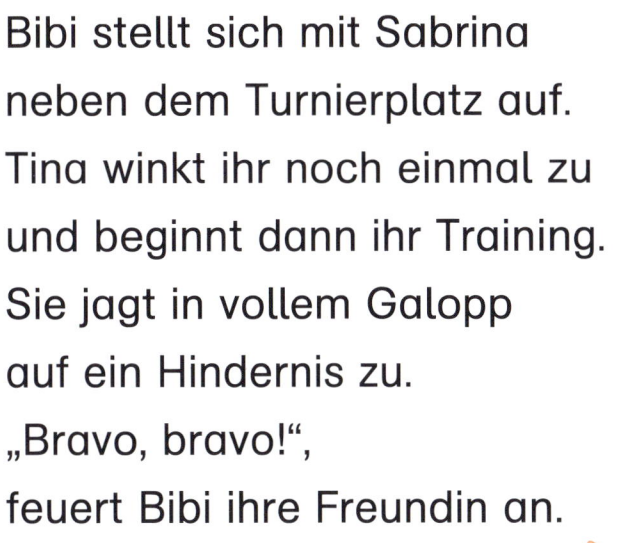

Doch was ist das?
Kurz vor dem Hindernis
verweigert Amadeus plötzlich.
Er wiehert und will steigen.
Zum Glück kann Tina ihn
noch einmal beruhigen.

Sie wendet ihr Pferd
und reitet zum Start zurück.
„Noch einmal, mein Guter",
hört Bibi ihre Freundin sagen.
Amadeus gehorcht.
Mit großen Schritten läuft er los.
Schon sind sie am Hindernis.
Diesmal verweigert Amadeus nicht.
Aber sein Huf trifft eine Stange.

Genervt reitet Tina zu Bibi.
„Was ist nur mit Amadeus los?",
beschwert sie sich.
Bibi nimmt das Pferd in Schutz.
„Amadeus kann nichts dafür",
erklärt sie.
„Ich glaube eher,
du bist nicht ganz bei der Sache."
Tina schluckt. Bibi hat recht.
„Entschuldige, Amadeus", sagt sie.

„Was ist denn los, Tina?",
will Bibi wissen.
„Ich hab' so ein mieses Gefühl",
seufzt ihre Freundin.
Bibi nimmt Tina in den Arm.
„Komm, jetzt sag schon."
Da legt Tina den Kopf
an Bibis Schulter.
„Ich habe mich mit Alex gestritten",
gibt sie endlich zu.
„Jetzt kann ich mich
gar nicht richtig konzentrieren."

Tina und Alexander versöhnen sich

Eines ist Bibi klar:
So kann Tina kein Turnier gewinnen.
„Was soll ich machen?",
fragt Tina ihre Freundin.
„Ganz einfach,
ihr müsst euch wieder vertragen",
antwortet Bibi.
„Komm, wir reiten zu Alex!"
Tina schüttelt den Kopf.
„Nein, er muss sich entschuldigen!"
Aber dann kommt sie doch mit.

Im Galopp kommen Bibi und Tina
auf Schloss Falkenstein an.
Harry, der Stallbursche,
nimmt ihnen die Pferde ab.
„Wo ist denn Alexander?"
will Bibi wissen.
„Der Junge sitzt
schon den ganzen Tag
in seinem Zimmer",
erklärt Harry.

Schnell laufen Bibi und Tina
ins Schloss.
Sie durchqueren die große Halle
und eilen die Treppe nach oben.
Einen Moment lang lauschen sie
an der Tür von Alexanders Zimmer.
„Liebe Tina …",
hören sie ihn murmeln.
„Er ist da", flüstert Bibi,
„und er denkt an dich."
Sie stößt die Tür auf und ruft:
„Überraschung!"

Alexander schreckt hoch.
Er war gerade dabei,
einen Brief an Tina zu schreiben.
Sofort lässt er den Stift fallen
und läuft zu seiner Freundin.
„Wie schön, dass du da bist!",
ruft er erleichtert.
„Ich wollte nicht mit dir streiten.
Es tut mir leid!"
Erleichtert umarmt Tina ihren Freund.
Da fällt ihr Blick auf einen Ring.

„Das ist ja ein toller Ring!",
staunt Tina.
„Ist der für mich?"
Alexander grinst verlegen.
„Nein, also, nicht direkt."
Er wird rot.
„Das ist der Glücksring
meiner Urgroßmutter Amalia.
Ich dachte, wenn ich dir schreibe,
dann brauche ich doch Glück,
und es hat ja auch geklappt!"

Tina ist begeistert.

„Ein Glücksring?

Leihst du mir den für morgen?"

Alexander nickt: „Klar!"

Doch plötzlich überlegt er.

„Eigentlich müsste ich erst

meinen Vater ..."

Aber dann winkt er ab.

„Ach was! Aber pass gut auf ihn auf!"

Der Ring ist weg!

Am nächsten Morgen ist Tina
gut gelaunt und kaum aufgeregt.
Alexander holt Bibi und Tina ab.
Zusammen reiten die Freunde los.
Auf dem Turnierplatz bewundert
ein fremder Reiter den Ring:
„Das ist ja ein tolles Schmuckstück!"
„Ja, das ist ein Glücksring",
erklärt Tina strahlend.
„Damit reite ich doppelt gut!"
Sie zwinkert Alexander glücklich zu.

Kurz vor dem Start kümmert sich Tina
um ihr Pferd Amadeus.
Ein Stallbursche reicht ihr Wasser.
„Oh, dein Ring glitzert ja toll!",
staunt er. „Ist das echtes Silber?"
Tina lacht: „Na klar!"
Sie führt Amadeus zum Einreitplatz.
„Viel Glück!",
rufen Alexander und Bibi ihr nach.
Tina winkt zurück.
Alexander und Bibi nehmen
ihre Zuschauerplätze ein.

Musik erklingt, das Turnier beginnt.

Plötzlich kommt Tina angelaufen.

Sie ist völlig außer sich.

„Der Ring ist weg", stammelt sie.

„Jemand hat ihn gestohlen!

Was soll ich denn nur tun?

Ich muss doch gleich reiten!"

Alexander ist entsetzt.

„Wenn mein Vater das erfährt …!"

Er sieht Tina ärgerlich an.

„Warum hast du nicht aufgepasst?"

Bibi geht dazwischen.

„Das ist kein guter Moment,
um sich zu streiten", sagt sie.

„Tina, du reitest! Alex und ich
suchen den Ring. In Ordnung?"

Die beiden stimmen zu.

Alexander umarmt seine Freundin.

„Du schaffst das",
flüstert er Tina ins Ohr.

Wer ist der Dieb?

Bibi und Alexander
suchen das gesamte Turniergelände ab.
Hier wimmelt es nur so von Leuten.
Wie sollen sie bloß den Dieb finden?
„Da, am Start!",
ruft Alexander plötzlich.
„Das ist der fremde Reiter,
der den Ring so bewundert hat!
Vielleicht hat er ihn gestohlen?"

Die beiden Freunde beobachten
den Reiter aus der Entfernung.
Jetzt reitet der Mann los.
Aber schon beim ersten Hindernis
reißt er zwei Stangen.
Dann fällt er in den Wassergraben.
„Auweia", murmelt Bibi.
„Der hat den Glücksring
sicher nicht."

Die beiden forschen im Stall weiter.

Der Stallbursche ist nicht zu sehen.

„Er hat gefragt,

ob der Ring echt ist",

flüstert Alexander.

„Vielleicht hat er ihn Tina

vom Finger gezogen,

als er ihr das Wasser gegeben hat.

Und jetzt ist er abgehauen."

Plötzlich hören sie ein Geräusch.

Es kommt aus einer Box.

Bibi und Alexander schleichen näher.

In einer Box liegt ein Fohlen.
Der Stallbursche kniet bei ihm.
„Keine Sorge", sagt er leise,
„du wirst wieder gesund, Flecki.
Ich bleibe heute Nacht bei dir."
Bibi und Alexander sehen sich an.
„Da habe ich dem Jungen
aber ganz schön Unrecht getan",
gibt Alexander kleinlaut zu.
„Der hat den Ring sicher nicht."

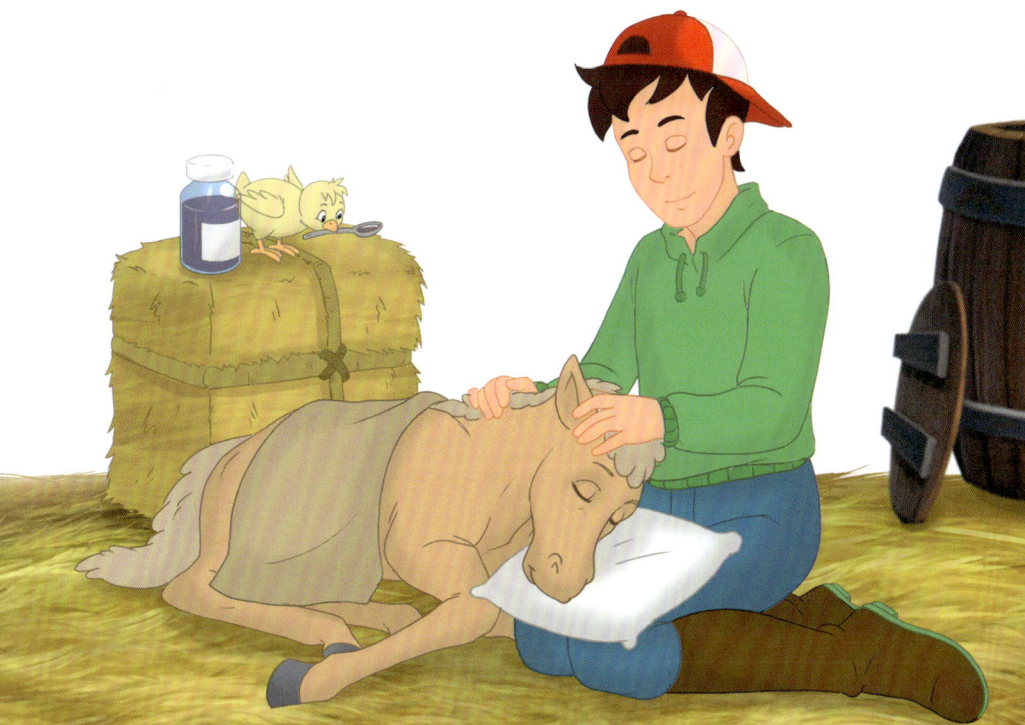

Doch wo ist der Ring?

„Vielleicht hat Tina ihn verloren?",
überlegt Bibi laut.

„Mein Vater wird auf jeden Fall toben.
Egal ob der Ring gestohlen wurde
oder verloren ging",
grummelt Alexander.

„Dann muss ich wohl doch hexen",
sagt Bibi entschieden.

Sie bringt ihre Hände in Hex-Position:
„Eene meene dickes Ding,
zeige uns den Weg zum Ring! Hex-hex!"

Bibi und Alexander sehen,

wie ein Schleier

aus glitzernden Sternen

durch den Stall Richtung Tür wirbelt.

„Schnell, hinterher!", ruft Bibi.

Der Schleier weht nach draußen.

Er bleibt einen Moment

am Zaun beim Einreitplatz stehen

und verblasst dann.

Auf diesem Platz

hatte sich Tina warmgeritten.

„Da vorne funkelt etwas am Zaun!"
ruft Bibi aufgeregt.
„Amalias Glücksring!",
erkennt Alexander erleichtert.
Tina kommt um die Ecke geritten.
Als sie den Ring sieht,
fällt ihr plötzlich alles wieder ein,
und sie wird rot:
„Ich hatte ihn
zum Striegeln abgenommen.
Vor Aufregung habe ich das vergessen."
Bibi lacht: „Nun haben wir ihn ja!"

„Und nicht nur ihn!", strahlt Tina.
Sie zieht einen Pokal
hinter ihrem Rücken hervor.
„Ich habe gewonnen!",
jubelt sie fröhlich.
Alexander steckt den Ring
in seine Tasche.
„Dann brauchst du ja
gar keinen Glücksbringer!",
stellt er fest.
Da lacht Tina. „Doch, euch!"

Hufeisen-Quiz

 **1 Wo findet das große Reitturnier statt?**

G ◯ auf dem Turnierplatz

W ⊗ auf Schloss Falkenstein

O ◯ auf dem Martinshof

 **2 Wer will am Turnier teilnehmen?**

F ◯ Bibi

L ⊗ Tina

E ◯ Alexander

 **3** **Warum glaubt Tina zunächst,
dass sie nicht gewinnen wird?**

Ü ◯ Sie hat mit Alexander gestritten.

Ö ◯ Amadeus lahmt.

Ä ◯ Ihr ist eine schwarze Katze über
den Weg gelaufen.

 **4** **Was tut Alexander, um sich mit Tina
zu versöhnen?**

L ◯ Er bastelt ihr ein Geschenk.

C ◯ Er schreibt ihr einen Brief.

X ◯ Er backt ihr einen Kuchen.

 **5** **Was möchte sich Tina
für das Turnier ausleihen?**

Y ◯ Urgroßvaters Sattel

M ◯ Bibis Stute Sabrina

K ◯ Urgroßmutter Amalias Ring

 **6** **Als der Ring weg ist,**
ist Tina ...

S ◯ untröstlich, er war ja geliehen.

A ◯ gleichgültig, er gehörte ja nicht ihr.

T ◯ beleidigt, nun wird sie das Turnier
sicher nicht gewinnen.

 **7** **Wodurch finden Bibi und Alexander**
heraus, dass der andere Reiter nicht
der Dieb ist?

U ◯ Er hat eine Dienstmarke der Polizei.

K ◯ Er hat ein Alibi.

R ◯ Er hat kein Glück.

 **8** **Wer oder was ist Flecki?**

I ◯ ein krankes Fohlen

P ◯ ein neues Putzmittel

O ◯ ein Marmorkuchen

9 **Warum hext Bibi, anstatt weiter zu suchen?**

K ◯ Sie will Tina endlich reiten sehen.

N ◯ Sie will Alexander großen Ärger ersparen.

U ◯ Sie will einen neuen Spruch ausprobieren.

10 **Tina verrät, welche Glücksbringer sie eigentlich braucht. Welche sind es?**

G ◯ Bibi und Alexander

W ◯ drei Ketten aus Gold

Q ◯ vier vierblättrige Kleeblätter

Lese-Führerschein

Lösungswort

Hast du alle Quiz-Fragen beantwortet? Dann trage hier die Buchstaben der richtigen Antworten ein.

Tipp: Das Lösungswort hat etwas mit der Geschichte zu tun!

Gehe jetzt gemeinsam mit deinen Eltern auf **www.lesedrachen-club.de**

32

So geht's zum Lese-Führerschein

1. Melde dich kostenlos mit einer E-Mail-Adresse und einem Passwort an.

2. Klicke dann auf Start, und wähle auf der Seite dein Buch aus.

3. Gib nun das Lösungswort ein, bestätige die Eingabe mit OK. Schon hast du 100 Punkte auf deinem Punkte-Konto gutgeschrieben!

4. Nun kannst du dich mit den Lese-Übungen, die für dein Buch angezeigt werden, im Lesen richtig fit machen und die noch fehlenden 50 Punkte für deinen Lese-Führerschein sammeln.

5. Hast du alle Fragen richtig beantwortet? Dann wartet dein Lese-Führerschein auf dich!

Viel Erfolg!